Ein Zöllner wie Matthäus

Ekkehard Walter

Impressum
Projekte Verlag Hahn
Literaturbüro Gerbstedt
Erste Auflage 2017
Alle Rechte vorbehalten
Kein Teil des Werkes darf in irgendeiner Form
(durch Fotografie, Mikrofilm oder andere Verfahren) ohne schriftliche Genehmigung
des Verlages reproduziert oder unter Verwendung elektronischer Systeme verarbeitet,
vervielfältigt oder verbreitet werden.

Satz: Projekte Verlag Hahn
Druck: Barleben docupoint
Printed in Germany
Umschlag: Cornelius-Hahn
ISBN 978-3-946169-18-5

Ein Zöllner wie Matthäus

von
Ekkehard Walter

Matthäus

Er saß einst einsam am Zollhaus und diente dem Kaiser von Rom,
als auf einmal der Nazarener kam und zu ihm sprach: „Komm!"
Da folgte er sogleich der damaligen Jüngerschar,
beim sich anschließenden Festmahl er dann sogar der Gastgeber war.
Zölle und Steuern wurden von ihm fortan nicht mehr eingetrieben,
statt dessen hat er jedoch ein ganzes Evangelium geschrieben.

Der Schmuggler

Er hatte es geschafft, er war ein Mann von Welt
und um seine Geschäfte war es gut bestellt.
Das seine Arbeitswelt aber eine eher verbotene war
wurde ihm schon bald am Anfang klar.

Es begann mit einem Kilo Kaffee, welches er damals steuerfrei
bei Nacht und Nebel schmuggelte am Zoll vorbei.
Dabei es jedoch nicht lange blieb;
Mit Zigarettenhandel er nun sein Unwesen trieb.

Neulich erst haben die Zöllner ihn aufgegriffen
und in ein gar finsteres Zellenloch geschmissen.
Der Schmuggler begann vor dem Richter zu schwitzen,
muss er doch nun eine lange Haft absitzen.

Und die Moral von der Geschicht:
Unrecht Gut gedeihet nicht!

ER hat alles getan!

ER war ein König, doch er wurde in Armut geboren
ER musste mit seiner Familie fliehen, während andere Kinder statt ihm ihr Leben verloren.
ER hatte als Knabe schon mehr Weisheit als die Mächtigen und Weisen
ER nahm nicht gerade die Elite mit auf seine Tagesreisen
ER heilte und half den Menschen in der Not
ER war Gottes Sohn und zeigte uns so ist Gott
Er wurde verraten, verleugnet, gefangen, gefoltert und unschuldig am Kreuz bestraft
ER nahm alle Schuld auf sich, damit niemand mehr wäre von der Sündenschuld versklavt
ER war im Tal des Todes und ist wieder auferstanden
ER ist aufgefahren zum Himmel und seine Jünger nun Trost im Geiste fanden
ER wird einst wiederkommen, doch keiner weiß wann
ER hat alles für uns getan!

Antriebslos

Ich wollte
Ich sollte
gewisse Sachen
wären zu machen
doch irgendwie
mach ich es nie

Reformationsjahr

Oh welch reiche Gnad ward uns zuteil
als beginnend mit des Reformators 95 Thesen
die Buchdruckkunst dann druckte das Heil,
das einst lateinisch nur gewesen,
doch jetzt in deutscher Sprach zu haben war.
Das einfache Volk bekam Gottes Wort
und verstand dessen Inhalt sogar.
Diese Reformation Luthers setzte sich bis heute fort,
wir feiern nun das 500'te Jahr.

Eine Hymne auf 500 Jahre Reformation Martin Luthers

Liebe und Frieden

Es ist kalt geworden in der Menschen Herzen,
allerorts verursacht man sich viele Schmerzen.
Die Liebe zum Nächsten ging vielen verloren,
obwohl vor mehr als 2000 Jahren der Friedefürst ward geboren.
Friede hat ganz viel mit Liebe zu tun,
wer Liebe hat und tut, kann selbst im Krieg in Frieden ruh'n.
„Gott ist die Liebe", wie Tolstoi es einstmals hatte formuliert.
Ohne diese göttliche Liebe auch der Friede erfriert.

Früh am Morgen

Das erste Licht durchbricht das Dunkel,
eine Amsel ertönt mit ihrem Gesang,
die ersten Sonnenstrahlen über den Bergen funkeln,
der Tag erwacht mit hellem Klang.

Noch schlafen der Menschen gar viele,
nur die Natur zeigt schon ihren Glanz,
ein Falke auf Mäusejagd ist fast am Ziele,
bevor des Tages Morgen dann beginnet ganz.

Vergänglichkeit

Alles geht einmal vorbei, doch das ist letztlich einerlei.

Vergänglichkeit ist überall, nur Ewigkeit bricht diesen Fall.

Friede auf Erden

Friede auf Erden
Was soll nur werden
aus dieser zerrütteten Menschheit,
die da lebt in dieser Zeit?

Friede ist nicht nur ein Wort
Als Hoffnung lebt sie immerfort
Allein der Mensch sie jedoch nicht geben kann,
es braucht einen „Friedefürst" sodann.

Friede stets bei einem Menschen beginnt
Der Jesus, den Retter, ins Herzen aufnimmt.
Was an Weihnachten einstmals begann,
auch in jedem von uns wahr werden kann.

Friede verkündeten die Engel den Hirten auf dem Feld
Und wie ist es um unseren Frieden bestellt?
Millionen von Menschen sind auf der Flucht,
ein jeglicher nach dem Frieden sucht.

Doch Friede im Herzen und der Welt nur dort beginnt,
wo man auf den Heiland und Retter sich besinnt.
Ohne Jesus gibt es keinen Frieden auf Erden,
möge es nun Friede in uns werden.

Gewitter

Dunkle Wolken türmen sich am Himmel,

Blitze zucken schon zuhauf,

Windböen erheben ihre Stimmen,

ein Abendgewitter zieht herauf.

Schon setzt mit großen Tropfen Regen ein,

Pfützen entstehen bald darauf,

Donnergrollen tönt mittig fast hinein,

das Naturschauspiel nimmt seinen Lauf.

Verliebt

Dieses Kribbeln im Bauch, sag kennst Du das auch? Den Blick durch die rosarote Brille, fern von jeglichem Eigenwille. Ein fremder Mensch wird zum höchsten Glück, die Liebe ist's, die einem verzückt.

Rückblick

Schaut man mit der Zeit zurück so sieht man: Manch Unglück war auch Glück. Es gab nicht immer frohe Tage, doch war auch alles nicht nur Plage. Manch einer hat dann doch betont, dass sich ein solcher Rückblick lohnt.

Wahrheit

Was ist die Wahrheit
Inmitten der Lügen dieser Zeit?
Wenn ein Nein ist ein Nein und ein Ja ein Ja
dann wäre wieder etwas von Wahrheit da.

Die vielen Verdrehungen und Vielleichts von heute
sind wie ein Krebsgeschwür und erreicht alle Leute.
Zum Eigenschutz, zum Vorwärtskommen wird der Wahrheit Lot
Verschoben und verdreht, oftmals sogar verknotet, ohne Not.

„Was ist Wahrheit?" einstmals schon Pilatus frägt,
bevor ein Römer wie er die Nägel ins Holz des Kreuzes schlägt.
Der, welcher die Wahrheit ist,
dafür dann sogar sein Blut vergießt.

Ich bin der Weg, die Wahrheit und das Leben
Ohne Jesus, da liegst du daneben.
Das Wort wurde Fleisch, das unter uns wohnte,
doch selbst ein Goethe das nicht für wahr halten konnte.

Wahrheit ist nicht nur ein Wort
In Jesus, Gottes Sohn, lebt sie immer fort .
Diese Wahrheit wahrhaftig befreit
von allem Lug und Trug und das bis heut.

An der Liebe zueinander man uns erkennen soll

doch meistens regiert untereinander der Groll.
Das wir veränderte Menschen sind
erkennt oft nicht einmal das eigene Kind.
Statt tätiger Barmherzigkeit und Nächstenliebe
befriedigen wir lieber die eigenen Triebe
Ein Umdenken in der Liebe wäre an der Zeit
doch vielerorts ist es noch nicht so weit
Christus, der Herr, uns einst selbst das Beispiel gab
als ein Mann ausgeräubert und verletzt am Boden lag.
Ein Ausgestossener, ein Samariter, sich seiner erbarmte
die Liebe der zwei Juden zuvor dagegen verarmte.
Wahre Liebe dagegen heuchelt nicht
auch wenn vieles ringsum zerbricht
wessen Herz mit Gottes Liebe ist voll
der auch seinen Nächsten lieben soll.

Der Lazarus-Effekt

Eigentlich galten sie längst als ausgestorben, doch unlängst wurden viele Tierarten wiederentdeckt.
Bezeichnenderweise spricht man hierbei nun vom sogenannten Lazarus-Effekt.
Lazarus, ein Freund Jesu, war damals bereits gestorben und begraben
Und durfte durch Jesu eingreifen noch einmal neu sein Leben haben.
Anmerkung: Ausgerechnet die Wissenschaft,
die eigentlich nicht glaubt,
benutzt biblische Begriffe

Die Vernisage

Ein Maler stellte jüngst im rat'gen Haus von seiner Kunst ein paar Exponate aus. Zwar war der Künstler kaum bekannt, doch kamen zur Vernisage gar viele gerannt. Der Grund für diese Menschenscharen jedoch allein des Metzgermeisters Häppchen waren. Sein Catering war berühmt im Ort, drum trafen sich die Menschen dort.

Manchmal kommt es anders als man denkt!

Sola-Allein
(Die 4 Kerngedanken der Reformation)

Sola gratia – aus Gnad allein
lädt Gott alle Menschen ein

Solus Christus – Jesus Christus allein
soll Eure Freud und Wonne sein

Sola scriptura – Das Wort allein
Die Bibel allein genügt
und niemals trügt

Sola fide – Der Glaube allein
Wer glaubt wird einstmals errettet,
wer nicht glaubt, der ist leider falsch gebettet.

Der Pfau

Es war einmal ein eitler Pfau,
der liebte so sehr seine Grundfarbe Blau,
dass er sogar in einen blauen Farbeimer stieg,
worin über Nacht er dann liegen blieb.
Doch am nächsten Tage regnete es so sehr,
so dass der Pfau verlor ein richtiges Blaufarbenmeer.
Eitelkeit kommt vor dem (Regen)fall

Der kleine Tom

Er war noch ein Bub, der kleine Tom.
Seine Eltern waren beide fromm.
So wollte auch Tom in seinem Leben
Dem Herrgott stets die Ehre geben.
„Lieber Gott, ich bin der Tom,
mach doch, dass ich in den Himmel komm."
Doch dass Gott so schnell erhörte das Gebet des Kleinen
War nicht nur für seine Eltern dann zum Weinen.
Für Tom jedoch war gerade dies
Der Freifahrschein ins Paradies.

Der Hühnerbauer

Es war einmal ein alter Bauer,
der legte sich allabends auf die Lauer,
weil ein Fuchs ihm seine Hühner stiehlt,
die er doch über alles liebt.
Eines Abends war es wieder soweit,
doch als Reinicke kam, lag der Bauer bereit.
Immer und immer wieder
sauste der Knüppel des Alten nieder
und krachte auf das braune Fell,
der Fuchs, der heulte schmerzensgrell.
Der Hühnerdieb hatte seine liebe Not
Um zu entkommen dem sicheren Tod.

Geweihte Nacht

Weihnachten in Bethlehem
Im Stall, da war es unbequem.
Das neugeborene Kindlein gar in einer Futterkrippe lag,
weil es keinerlei Raum in einer Herberge gab.
Die Eltern waren weit gereist,
der Herkunftsort nämlich Nazareth heisst.
Die Volkszählung des Augustus trieb sie hierher,
Maria, hochschwanger, sie konnte oft nicht mehr.
Hirten mit Schafsgeruch behaftet, durchbrachen als Gäste die Stille
Nein, Weihnachten in Bethlehem war keine Idylle.
Dass Gott hier Mensch geworden ist
man oft genug dabei vergisst.
Engelschöre verkündeten es dann wirklich laut
Und es ging den Menschen unter die Haut.
Der Menschen König ward dort geboren,

die Stimmung hat er selbst erkoren.
Wahre Weihnacht dagegen wird es nur bei Dir
wenn Du öffnest Deine Herzenstür.
Denn dieses Jesuskindlein der Herzen
Wurde schließlich ein Mann der Schmerzen,
der unschuldig am Kreuz sein Leben gab,
damit jeder der umkehrt und glaubt ewiges Leben hat.

Befreit

Der alte Mann bald nicht mehr kann,
schleppend nur kommt er voran.
Die alte Dorfkirche ist sein Ziel,
gleich hat er's geschafft, es fehlt nicht mehr viel.
Seufzend setzt er sich in die letzte Bank,
ach wie war er als Bub diesen Weg noch gerannt,
damals als er noch kindlich glaubte,
bevor das Leben ihm den Glauben raubte.
Nur einmal noch wollte er es wagen,
er blickte auf zum Kreuz wie einst in seinen Kindestagen.
Da übermannte ihn auf einmal die Erinnerung,
der Alte rief: „Oh, wie war ich dumm.
Du starbst doch an diesem Kreuzesstamm
Für mich den Sünder als das Opferlamm."
Diese Erkenntnis setzte neue Kräfte dann in ihm frei,
denn er spürte auf einmal: Mein altes Leben ist endgültig vorbei.
Mir ist Vergebung aus Gnade widerfahren,
Vergebung deren ich nicht wert,
die man in Jesu ausgestreckten Armen und seiner Liebe stets erfährt.

Der alte Wolf

Altgrau und fleckig war sein Fell;
Sein kehliges Jaulen klang ziemlich grell.
Den letzten Rudelkampf hatte er längst verloren,
so war er ein einsamer alter Wolf geworden.
Viele Narben wurden ihm schon zugefügt,
bevor der Jüngere ihn dann hatte besiegt.
Doch sein Instinkt ließ ihn dennoch selten genug allein,
um immer noch ein gefährlicher Wolf zu sein.

Barfüssig

Barfüssig treten sie mir oft entgegen,
die Kinder der dritten Welt kennen kein anderes Leben.
Trotz der Armut ist meist noch ein Lächeln in Ihrem Gesicht,
denn sie kennen die andere Welt ja noch nicht.
Schau ich in diese Gesichter der Kinder dann,
mir öfters schon mehr als eine Träne rann.
Das Elend der Ärmsten schreit zum Erbarmen,
wer hat noch Mitleid mit diesen Armen?

Hey Mister

have you a sister
or are you alone?
Yesterday I want to meet you
but I've a lot to do
and you went not to phone
Can I speak your sister is the really ground of this special question.

175 Jahre Karl May,

ja Leute, auch ich war dabei,
war ein eifriger Leser von Winnetou
und Old Shatterhand noch dazu,
verschlang als Junge fast alle Bände,
bevor dann einsetzte meine literarische Wende.

Sonnenuntergang

Der Himmel ist leuchtend rot
Die Abendstimmung
Mehr hier: https://www.literatpro.de/gedicht/300317/abendhimmel-ein-haiku

Alpenglühen

Wenn das erste oder letzte Sonnenlicht
sich eindrucksvoll auf dem Hochgebirge bricht,
dann entsteht manchmal ein wunderbares Farbenspiel
ein Alpenglühen mit roten Farben viel.

Ampelindex

Bei keiner Verwaltungsreform er jemals fehlt,
auch wenn er an der Basis die Leute dann quält.
Zielvereinbarungen werden durch Ampeln nun gesetzt.
Rot, Gelb, Grün, genannt der Ampelindex.
Doch da sich keiner in Wahrheit getraut, die Ampeln zu setzen auf Rot,
zeigt sich in der Verwaltungspraxis dann die Not.
Was Mc Kinsey in der freien Wirtschaft verbockt,
der unselige Ampelindex in der Verwaltung nun rockt.
Controlling heißt das neue Zauberwort,
mit dem man die Ampeln stellt ganz flott.
Fast alles ist deshalb schön auf Grün gestellt,
damit es den oberen Stabsstellen gefällt.
Doch Personalnotstand man damit nicht auf Grün setzen kann,
ich frage mich zusehends: Was soll der Ampelindex dann?

Ampelmännchen hin oder her, wir brauchen einfach der Leute mehr!

Oan bayrischer Polizistenspruch

Was sagt ein bayrischer Polizist zum Salafist:
„Du kloaner Salafisti,
pass bloas oaf, i krieg di!"

Antimaikäferlied

Maikäfer flieg, ich glaub ich KRIEG
,ne Wut im Bauch
und manchmal SCHIESS ich gedanklich auch
über's ZIEL hinaus.

Pommernland ist ABGEBRANNT,
das gleiche ich in Syrien fand.
Maikäfer flieg.... bitte nicht mehr.
DANKESEHR

Kuckuck

Kuckuck ruft's wieder durch den Wald und Flur, doch wo steckt der Vogel nur? Ah, ganz dort oben in den Tannenwipfeln tut ein grauschwarzer Vogel sitzen. Unscheinbar ist wohl sein Vogelkleid, seine Stimme jedoch hört man sehr weit. Er hat es sogar, was kein anderer Vogel je geschafft, es zum Stimmenschlag einer Schwarzwalduhr gebracht.

Anton und Opas Kaktus

(passend zur Kurzprosa: Als der Kaktus ...)

Opa Alfons war ein Kakteenzüchter, der liebte seine Pflanzen sehr.
Er züchtete sie sogar selbst und es wurden immer mehr.
Anton, sein Enkel, mochte den Opa und seine Kakteen auch,
nur manchmal, da nervte ihn auch Opas Sammelbrauch,
besonders so eine große runde Kaktuskugel, die mochte er nicht,
denn dessen lange Stachelnadeln pieksten ihn manchmal im Gesicht.
Klein Anton dachte: „Dem helfe ich einfach ein bisschen ab!"
Er nahm des Opas Kneifzange und beseitigte die Stacheln
damit nicht zu knapp

Aufgewacht

Heute Morgen nach einer etwas kurzen Nacht
bin ich schon recht frühe dann erwacht.
Der Regen von gestern hatte gänzlich aufgehört,
ein neuer, diesmal wieder sonniger Tag ward uns beschert
und voll Dankbarkeit hab ich bei mir gedacht:
Schön, dass ich wiederum bin: Aufgewacht.

Halbwertzeiten

Aufgelöst in Schall und Rauch, öfters auch mal entschieden aus dem Bauch, ist so Vieles, was erschien zunächst so wichtig, morgen bereits ist es schon nichtig.

Aufstand in der Rösterei

Die kleinen Kaffeebohnen schmollten,
sie einfach nicht gemahlen werden wollten.
„Gemahlen werden tut so weh,
nein wir wollen heute nicht in den Kaffee!"
Der alte Kaffeeröster hatte so etwas noch nie erlebt:
„Seit ich denken kann, der Bohnenkaffee die Menschheit belebt
und wenn ihr Bohnen sagt, ihr wollt nun nicht mehr,
wo bitte, nehm ich dann den Kaffee her?"
„Was Du nun tust ist uns egal,
aber wir sind eine gar große Zahl
und machen heute einfach frei,
mit Kaffee trinken ist es heute mal vorbei."
Doch der Alte blieb nun stur:
„Ihr seid doch kleine Bohnen nur,
zum Kaffee zu machen seid ihr bestimmt.
Der Aufstand ist damit beendet", man nun vernimmt.

Brillenschlange

Nein, sie wurd' nicht so geboren,
ihre Augen machten's aber ohne Brille nicht mehr lange,
so dass man diesen Schimpfnamen hatte erkoren
und man sie rief mit Brillenschlange.

Das Stachelschwein

Das Stachelschwein, das Stachelschwein
das trägt ganz viele Stacheln heim.
Gar lang sind diese Pickser auch,
hoffentlich macht es davon keinen Gebrauch.

Christenverfolgung heute

Fast unbeachtet von der Öffentlichkeit in dieser Welt
hat eine neue Art von Christenverfolgung sich eingestellt.
Nicht nur der neuerliche Anschlag von Ägypten sei hierbei erwähnt,
sondern der Umstand, dass Christenverfolgung heute mittlerweile zum
meist wachsenden Index zählt.
In den meisten islamischen und kommunistischen Ländern gelten die
Christen nahezu als vogelfrei
und deren Tötung ist für die meisten Menschen dort leider gänzlich
einerlei.
Selbst in Europa sind geflüchtete Christen weiter in großer Gefahr,
sie werden von Moslems und rabiaten Sicherheitsleuten drangsaliert
sogar.
Die Schimpfworte, die man als bekennender Christ heutzutage wieder
hören kann,
einem an längst vergangene Zeiten erinnern sodann.
Früher waren es die Juden, heute sind es wieder die Christen,
manche möchten am liebsten gar beide vernichten.
Deshalb rufe ich als Christ in diese Welt:
Wie ist es um Eure Toleranz bestellt?

Lastenträger gesucht!

Nur wenn wir alle auch Lasten tragen,
können wir gemeinsam die Zukunft wagen.
Schaut man heutzutage auf das Gescheh'n in dieser Welt,
so ist es um die Wertegemeinschaft recht schlecht bestellt.
Meistens regiert da das Prinzip St. Florian,
verschon bittschön mein Haus, zünd andere an.
Doch nur wenn wir nicht nur nehmen, sondern auch geben,
werden wir selbst den Segen des Beschenktseins erleben.
Überall nämlich braucht es Lastenträger, Menschen mit Mut,
ein Neuanfang beim Lastentragen täte uns allen gut.

Winni der Fisch

Alle Fische schwammen mit dem Strom,
außer Winni, der hatte genug davon.
So machte er eines Tages mal kehrt
nun fortan er gegenströmlich die Welt erfährt.

Die alte Linde

Sie war wohl schon an die zweihundert Jahre alt,
unter ihrem großen Blätterdach machten ganze Generationen Halt.
Die Narben im Rindenstamm waren deutlich zu seh'n,
doch sie war auf eine einzigartige Weise schön.
Der Schatten, mit dem sie im Sommer den Platz bedeckte,
die vielen Vögel, die sie in ihrem Laubgeäst versteckte,
ja selbst das nackte Gehölz im Winter hatte noch eine Pracht,
die uns ehrfürchtig werden ließ vor dieses Schöpfers Macht.
Zwei Weltkriege hatte diese Linde unbeschadet überlebt,
bevor ein einziger Blitzeinschlag sie plötzlich hatte umgelegt.
An ihrer Stelle am Dorfplatz nun ein neues Bäumlein steht.
Wie es wohl dieser neuen Linde einst einmal ergeht?

Ein Floh im Nirgendwo

Es war einmal ein Floh,
der verrannte sich im Nirgendwo.
Er war mal hier und war mal da,
am Liebsten war er mir ganz nah.
Das war mir aber gar nicht recht,
denn ich mag keine Flöhe, die so frech.
So fing ich ihn und spülte ihn durchs Klo
Und er verschwand im Nirgendwo.

Dingdong zum Valentin

„Es hat soeben geläutet, Kasimir."
„Geläutet? Wer will denn schon was von mir?"
„Das wird wahrscheinlich der Postbote sein."
„Lass ihn am besten nicht hier rein."
„Du, Kasimir, der Postbote hat Blumen gebracht,
jetzt bin ich aber überrascht."
„Na dann ist ja alles klar, das sind die Rosen,
mein Schatz, von Valentin, er war da"

Wahrheitsliebe

Kinder und Narren offenbaren uns oftmals eine Wahrheit, die uns ohne sie verschlossen bleibt.

Warum?

Warum bin ich hier
und Du, mein Gott, bist nicht bei mir?

Warum lebe ich auf Erden
und was soll einmal aus mir werden?

Warum so viel Leid und Weh?
Ach, so Vieles ich nicht versteh.

Warum, so frägst Du? Sei gewiss:
Ich habe stets alles im Griff.

Auch in Deinen schwersten Tagen:
Sei getrost, Du wirst von mir getragen.

Einst kommt der Tag, da Du nicht mehr frägst: Warum?
Weil Du mich dann verstehst: Darum.

Bewegung zum anderen

Über den eigenen Schatten zu springen ist gar nicht so einfach, da er uns stets verfolgt.

Leben

Leben will erst mal gelebt werden

Maskerade

Kennst Du auch die vielfältige Maskerade
die so vielen Menschen verleiht eine falsche Fassade?
Das Echtsein wird damit übertüncht,
obwohl sich jeder Echtheit wünscht.
Stattdessen zieht man Masken auf,
um nur nicht aufzufallen in seinem Lauf.
Wo sind dagegen die Charaktere nur,
welche nicht sind geheuchelt, sondern pur?
Ein wenig mehr Echtheit und gegen den Schein,
dies scheint mir das Gebot der Stunde zu sein.

Hoheslied der Liebe

Wenn Du alles könntest und hättest aber die Liebe nicht,
so fiele das alles im Leben nicht ins Gewicht.
Ohne Liebe sind auch alle Deine guten Taten nichtig,
selbst wenn sie wären ansonsten richtig.
Die wahre Liebe macht den entscheidenden Unterschied,
denn ohne sie nur eine lärmende Schelle übrig blieb.
Hast Du jedoch diese Liebe in Deinem Leben,
so bist Du ein Träger von göttlichem Segen.
Diese göttliche Liebe höret niemals auf,
auch wenn einst endet der Welten Lauf.
Nach dem Hohelied der Liebe aus der Bibel 1. Korinther Kapitel 13

Mohammeds Flüchtlingstraum

Mohammed, mein Freund, träumte von einer besseren Welt
in der man sich entfalten kann und endlich Frieden hält.
Vor anderthalb Jahren kam er nach langer, gefahrvoller Flucht hierher,
eine wirkliche Heimat hat er nun keine mehr.
Seine Familie war im Irak und Syrien einst gut situiert,
ja er hatte sogar in Mossul und Aleppo studiert.
Auch Deutsch lernte er jalla jalla (sehr schnell) , mein arabischer Sohn
und sehr gutes Englisch sprach er schon.
Die Integration als Kurs ist nun auch abgesessen,
nur Mohammed, den Menschen, hat man vergessen.
Er will so gerne hier weiter studieren,
möchte in Biologie seinen Master kreieren.
Doch er lebt alleine auf kleinem Raum,
Besuche gibt es im Flüchtlingsheim kaum.
Ob er wohl in Erfüllung geht, sein Traum?

Die Wahrheit ist anders als Träume

Hegau, meine Heimat
Als die Hegauberge noch Lava speiten
war es wohl sehr unruhig in des Hegaus Weiten.
Rund ein Dutzend Vulkane waren damals explosiv,
wenn auch nicht gerade oft aktiv.
Burgen jedenfalls hat man erst viel später drauf erbaut,
zuvor hätte man sich dieses wohl nicht so getraut.
Beides ist nun schon sehr lange her,
es spukt keine Lava und auch kein Rittersmann dort mehr.
Herrliche Vulkankegel sich seitdem dort aus der Landschaft erheben,
gekrönt mit Burgenruinen, einfach ein herrliches Erleben.

Der Hegau mit seinen Vulkankegeln in der Nähe des Bodensees
gelegen, ist eine herrliche Naturlandschaft geblieben.

Purpurroter Morgen

Purpurrot leuchtete der Himmel an diesem Morgen.
Achmed, der arabische Kameramann, machte sich Sorgen.
Gestern noch herrschte ein Wetterhimmel in herrlichem Blau,
dieser wurde dann plötzlich abgelöst von einem dunklen Grau.
Das Purpurrot, dass er nun dort sah,
der brennende Himmel über Mossul war.

Auch Befreiungskriege sind furchtbar!
Ein Gedenken an die Menschen von Mossul

Der Lassomann (ein Lied)

Refrain: Er war ein Lassomann, ein klasse Mann, der mit dem Lasso alles kann (2mal)
Strophe 1: Er fing die wildesten Mustangs ein, die besten Pferde waren alle sein.

Refrain: ER war…. (2mal)

Strophe 2: Auch beim Herdentrieb brauchte es nicht viel, denn mit dem Lasso traf er stets sein Ziel.

Refrain: Er war…(2mal)

Strophe 3: Selbst ein Bisonbulle, der fast 'ne Tonne wog, ward gefangen, als er an seinem Lasso zog.

Refrain: Er war ein Lassomann… („2 mal)
Zum Schluß: Yipiyeeh!

SOLI DEO GLORIA

Gott allein sei alle Ehre
Und das S.D.G. IHM dies gewähre,
so dachten und handelten einst mit großem Ach
Georg Friedrich Händel und auch Johann Sebastian Bach,
die in ihren Werken mit Bedacht
daraus nie einen Hehl gemacht.
Selbst ein Drucker wie Johann Michael Funcke druckte es am Anfang
oder Ende eines Buches
und gab Gott allein damit die Ehre statt eines gottlosen Fluches.
Ach wie Vieles könnte nochmals besser werden,
gäben wir Gott wieder die Ehre im Himmel wie auf Erden.

Frostiger Frühling (ein Haiku)

Nasskalter Frühling
Die Blüten sind erstorben
Das Ernten fällt aus

Flüchtlingsstrom

Sie machten sich auf aus Afrika und dem Orient,
weil dort seit Jahren die eigene Heimat brennt.
Die pure Not trieb sie zur Flucht,
das Heil man nun im Westen sucht.

Sogar das große Mittelmeer in seinem Verlauf
hielt diesen Menschenstrom dann nicht mehr auf.
Mit Hilfe von Schleppern und Booten man auch dieses überwand,
bevor man in Europa die neue Zuflucht dann fand.

Es kamen nicht 100, nicht 1000, sondern 1 Million.
Man spricht nun arabisch: Salam aleikum, mein Sohn.

Syria

Syrien, denk ich an Dich
überkommt ein kaltes Schaudern mich.
So viel Zerstörung, unendliches Leid,
blutrot getränkt ist Dein Alltagskleid.
Die Großen der Welt helfen dir nicht,
gar keiner mehr von Frieden spricht.
Syrien, auch mir blutet das Herz,
denn ich kenne Deine Flüchtlinge und ihren Schmerz.

Politik

Es ist eine Kunst einen Staat zu führen
und im Interesse des Volkes sein Land zu regieren.
Die Diplomatie dabei ist ein echtes Geschick
Und viele scheiterten schon an dieser Politik.

Allein um an die Macht zu kommen
wird manch ein Lügenberg erklommen
und ist man erstmal ganz weit oben
wird gar noch weiter abgehoben.

Einst schwor man das Volk vertreten zu wollen,
doch am Ende hätte man es besser machen sollen.
Das Eine scheiterte am Geld, das Andere an der Fraktion,
nicht zu vergessen die Einsprüche der Opposition.

Sogar ein Adenauer begann einstmals zu lästern:
"Was kümmert mich mein dummes Geschwätz von gestern?"
Drum merke Dir, willst ein Politiker Du werden,
so hast Du einen schweren Stand auf Erden.

Gar oftmals Dein Gewissen drückt,
wird doch die Wahrheit stets verrückt.
Der Kompromiss ist dann der Schluss,
wo jeder auch mal nachgeben muss.

Politik kann somit nichts für Schwächlinge sein,
doch auch nichts für jene, deren Herzen gar rein.
Es geht bei der Politik nicht um die Wahrheit allein,
sondern darum ein guter Politiker zu sein.

Anmerkung: Dieses Gedicht soll niemanden diffamieren. Es ist nur eine Feststellung von Tatsachen, wie der Autor es empfindet.

Im Feuerofen

Das Edikt des babylonischen Königs war sonnenklar,
nämlich dass er allein und sein goldenes Standbild anzubeten war.
Wer dies nicht tat oder tuen wollte,
der in den Feuerofen kommen sollte.
Daniel und seine beiden Freunde hatten darüber eine andere Sicht
und verneigten sich deshalb vor dem Standbild nicht.
Doch es dauerte nicht allzu lange daraufhin,
bis man sie mit Stricken band und schob zum großen Ofen hin.
Sieben Mal heißer wurde der Feuerofen extra gemacht,
denn sie sollten verbrennen, so war es gedacht.
Die Männer, die sie in den Ofen warfen, starben am herausschlagenden Feuer,
aber was König Nebukadnezar dann sah, war ihm nicht mehr geheuer.
Drei gefesselte Männer wurden zuvor ins Feuer gegeben,
doch nun waren vier Männer unversehrt im Feuer am Leben.

Der Vierte sah aus wie ein dazugekommener Götterbote,
so dass der König erschrak und die drei Freunde aus dem Ofen holte.
Nicht einmal einer von ihnen war vom Feuer angesengt.
„Ein großer Gott hat das getan", sagte der König angestrengt.
Ein neues Edikt es danach erklärte,
dass man nun auch diesen Gott verehrte.

Diese Geschichte aus dem biblischen Buch Daniel wurde von mir dichterisch nacherzählt.

Geldgier

Geldgier, früher auch Habsucht genannt,
ist eine Eigenschaft, die selten wird als solche erkannt.
Man nennt es mal Geiz, ein anderes Mal Knauserigkeit,
doch niemals wirkt ein solcher Mensch richtig befreit.
Getrieben vom Ehrgeiz und dem Streben nach immer mehr Macht
geht man buchstäblich über Leichen, an Barmherzigkeit wird nicht
mehr gedacht .
Gar selten gibt man noch etwas her,
denn diese Gier will immer mehr.

Ganovenede

Ede war ein kerniger Mann und breit wie ein Schrank.
Am Liebsten arbeitete er im Inneren einer Bank,
doch nicht in feinem Schlips und dunklem Zwirn,
nein , Ede knackte lieber Tresore und dies mit Hirn.

Zwar hatte er große Hände wie Bärenpratzen,
doch die waren empfindsam wie zwei Tatzen.
Kaum ein Panzerschrank hatte eine echte Wahl,
Ede knackte vom Code auch noch die letzte Zahl.

Um das liebe Geld ging es ihm dabei letztlich nicht,
dies beteuerte er auch neulich vor Gericht:
„Wissense Herr Richter, icke kann's eben so jut,
dass man es eben immer wieder tut."

Goliat

Er war ein Riese und seine Donnerstimme tönte laut durchs Terebinthental:
„Seid ihr Juden denn alles Feiglinge ohne Zahl?
Wer hat den Mut und kämpft mit mir allein?
Besiegt er mich, so sollen alle Philister eure Sklaven sein."

Doch niemand wollte es mit diesem Goliat wagen,
zu sehr waren sie alle am Verzagen.
Doch dann kam David, der Hirtenjunge,
gerade als der Mann von Gat sich wieder herausschrie seine Lunge.

Obwohl das Rüstzeug des Königs ihm nicht einmal passte,
er sich im Namen Gottes ein Herz nun fasste.
Nur mit der Schleuder und fünf flachen Steinen trat der Jüngling an,
doch bereits nach dem ersten Schleuderwurf war es getan.

Der Stein traf frontal des Riesen Stirn, welcher auf einmal wankte und dann nach vorne fiel.
Mit seinem eigenen Schwert Goliat dann den Tod empfing.

Grantlsepp

Er war bekannt als alter Grantl,
jeder im Dorf kannte Sepp Prantl.
Zu jedem und zu allem hatte er etwas zu sagen,
meistens brauchte man ihn nicht einmal zu fragen.
Oft genug er jedoch einfach nur brummte
oder in seinen Bart hinein summte.
Neulich jedoch, da grinste er,
denn Schokolinsen, die mochte er sehr.
Schenkte man ihm Schokolinsen,
überkam den Grantlsepp meist ein Grinsen.

Und die Moral von der Geschicht:
Unterschätze die Wirkung von Schokolade nicht

Kleopatra

Sie war eine besondere Schönheit unter der Sonne,
ihr anmutiger Anblick allein schon eine wahrhaftige Wonne.
Im ptolemäischen Reich ward sie Ägyptens Königin
und selbst der mächtige Caesar als Römer einst ihre Liebe empfing.
Auch dem römischen Antonius sie dann als Gemahlin 3 Söhne gebar,
doch ihr Leben dennoch nur ein kurzes war.
Als Octavian, der spätere Kaiser Augustus, kämpfte um die Macht,
wurde Kleopatra und die ägyptische Großflotte um den Sieg gebracht.
Der frühe Eigentod ihr der letzte Ausweg schien,
so gab sie ihr junges Leben der giftigen Schlange hin.

Konfliktherde

Schaut man sich die Weltenlage von heute einmal genauer an,
so entdeckt man gar viele Konfliktherde daran.
Kaum ist die eine Krise überwunden,
wird an anderer Stelle bereits eine Neue gefunden.
Angefangen mit Immobilienpleiten und dem Geldmangel der Banken,
brachte uns alsdann die Flüchtlingskrise stark ins Wanken.
Dazu Bürgerkriegsgeschrei bald auf der halben Welt,
nein, es ist nicht gerade gut um den Frieden bestellt.
Die Mächtigen heutzutage tragen auch mehr und mehr dazu bei,
dass man sich fühlt, als wär man langsam vogelfrei.
Der Terror von allen Seiten wiederum erblühte,
weil Fanatismus und Populismus im Menschen neu erglühte.
Die alte Angst der Menschen sitzt wieder tief im Kopf:
Hoffentlich drückt keiner auf den falschen Knopf!
Seit der Kubakrise in der damaligen Schweinebucht
man vergebens nach solch einer gespannten Weltenlage sucht.
Ihr Mächtigen der Welt passt deshalb auf, dass ihr euch nicht verrennt,
wir wollen nicht, dass unsere Erde bald noch mehr brennt.

Morgensorgen

Neulich war er mal wieder da,
dieser besondere Morgen.
Auf meinen Lippen war da kein lalala,
sondern ich war geplagt von Sorgen.

Lindenhaiku

Der alte Lindenbaum
Vom Blitz jetzt gefällt
Wird nun neu zum Möbelstück

Dieser Haiku ist das passende Gegenstück zum Gedicht: Die alte Linde

Kur(z)urlaub

Die langen Wintermonate hatten es in sich,
immer mehr fragte ich mich:
Wieso stehe ich eigentlich so oft neben der Spur?
Ich denke, ich muss mal raus, vielleicht zur Kur?
Eine Kur wurde es schließlich nicht,
aber ein Kur(z)urlaub, der sämtliche Rekorde bricht.
Drei Tage wie im Sommer, dann wieder Schnee und Regen,
als wäre das Wetter auf einer Achterbahn gelegen.
Die Allgäuriviera zeigte sich von ihrer schönsten Seite,
dazu kam der traumhafte Blick in die Weite.
Hopfensee und schneebedeckte Bergesgipfel,
dazu das Rauschen des Windes in den Tannenwipfeln.
Einfach eine herrliche Natur,
diese Tage waren Erholung pur.

Kreuzeszeichen

Einst war es ein Folterinstrument,
es heute aber fast jeder kennt.
Das Kreuz als Symbol eroberte die Welt,
ganz egal, ob dies den Leuten gefällt.
Nicht Galgen, noch Guillotine schafften dies,
obwohl auch am Kreuz das Blute fließt.
Was aber ist nun der Unterschied,
dass man daran so haften blieb?
An einem solchen Kreuz hing einst ein Mann,
der veränderte die Welt sodann.
Unschuldig verurteilt ließ er dort sein Leben
und wurde dadurch zum großen Segen.
Denn es war Jesus, Gottes Sohn, der dort sein Leben ließ,
der Himmel steht nun offen, da des Tempels Vorhang riss.
Durch Umkehr und Vergebung Dir heute gilt:
Dir ist Deine Schuld getilgt!

Mich beschäftigte die Frage:
Was ist das Geheimnis des Kreuzes, bis ich es selbst fand!

Wagnis des Lebens

Das Leben zu wagen,
auf Händen getragen
von dem, der es mir gab
ich nun das Leben wag.

Cartoonprotest

Wir wollen: Lieber E.T. statt D.T.
Wir fordern: Freiheit für die Gummibären, raus aus der Tüte!

Lügen und Wahrheit

Lügen haben kurze Beine,
so lernten wir es einst einmal.
Heute haben sie jedoch eine ganz lange Leine,
die Wahrheit ist den Meisten egal.

Wanderers Pein

Das Wandern ist nicht nur des Müllers Lust,
nein, auch mir hilft es oft gegen den Frust.
Was gibt es denn auch Schöneres nur,
als bei herrlichem Sonnenschein zu machen eine Bergestour.
Auch die Schweizer Alpen sind recht nah,
in einer knappen Autostunde ist man da.
Die Verpflegung hat man stets im Rucksack dabei
Und auch das allerwichtigste Kartenallerlei.
Nicht zu vergessen, in meiner Trekkinghosentasche, der linken
Ein Stück Schokolade und feiner Südtiroler Schinken.
Der kleine Berg aber auch erst mal erklommen werden will,
vielleicht auch noch ein Kampf mit der inneren Unbill.
So macht man nach einiger Zeit eine Rast,
um sich zu erholen von des Weges Last.
Ein Griff in meine Hosentasche, heraus mit dem Schinken und der Schokolade.
Doch was ist das? Aus dem Schinken grüßt freundlich eine Made.
Und die Moral von dieser Pein:
Man ist nirgends ganz allein!

Miteinander

Wo lebt es sich wohl besser: In einer Oase der Liebe
oder auf einer Insel der gefräßigen Krokodile?
Befriedigt man lieber seine eigenen Triebe
oder lebt man im Inbegriff der Nächstenliebe?
Das Miteinander ist oft allzu blass,
bald ist auf Niemand mehr Verlass.
Aus gesundem Selbstbewusstsein wurde mittlerweile ein Egotrip
Und Selbstfindungskurse versprechen ebenfalls mehr Glück.
Viele gehen heute sprichwörtlich über Leichen,
um ihre selbst gesteckten Ziele zu erreichen.
Keiner will in diesem Leben der Letzte sein
und wundert sich, wenn er am Ende ist allein.
Ich wünschte mir: Ein wenig mehr wir und weniger ich,
damit die Liebe wieder siegt und etwas noch verändert sich.

Miteinander statt gegeneinander

Zeit und Ewigkeit

Jeder braucht sie, doch keiner hat sie ZEIT
Obwohl nie gefunden, konnte niemand sie richtig erkunden: EWIG-KEIT
Keine ZEIT reicht so weit, dass es reicht für eine EWIGKEIT

Aufgewacht

Heute Morgen nach einer etwas kurzen Nacht
Bin ich schon recht frühe dann erwacht.
Der Regen von gestern hatte gänzlich aufgehört,
ein neuer , diesmal wieder sonniger Tag ward uns beschert
und voller Dankbarkeit hab ich mir gedacht:
Schön, dass ich wiederum bin: Aufgewacht

Ansicht

Heute morgen war alles irgendwie trist und leer,
um mich herum ein einziges Nebelmeer.
Nach einer ziemlich kalten, sternenklaren Nacht
hatte sich die Sonne noch nicht entfacht.
Statt dessen tanzten Eiskristalle auf den Bäumen,
eine Nebellandschaft zum grausigen Träumen.

Ansicht II

Ehrlich währt am Längsten, so hieß einst einmal.
Doch Lügenhans hat's längst vergessen,
was früher stets war der Fall
hat heut der Zeitgeist aufgefressen.
Gelogen wird, dass sich die Balken biegen;
Ein normales, offenes Gespräch ist kaum noch Alltag.
Die Meisten damit zwar daneben liegen,
doch eine Veränderung kaum eintreten mag.
Das Große beginnt zumeist im Kleinen,
wer es nicht wagt, der nie gewinnt.
Wir müssen wieder sagen, was wir meinen
damit endlich wieder Neues dann beginnt.

KREUZ

K einer half ihm
R ömer kreuzigten ihn
E rlösung war sein Ziel
U mkehr predigte er
Z ukunft gab er

Gesäugt

Von einer Wölfin gesäugte Zwillinge schufen Dich,
Rom du stolze Stadt am Tiberstrom

Rom, gegründet einst auf sieben Hügeln,
doch deine Macht, die tat stets trügen

Das Blut der Christen und Sklaven floss hier in der Arena.
die Caesaren von damals sind nicht mehr da.

Noch immer grüßt Du als große Stadt
Rom,kaum eine solch eine Geschichte hat.
Großes kommt und geht, Geschichte bleibt.

Schachmatt

Er war ein Meister in seinem Fach,
nein, kein Handwerk, sondern Schach.
Egal ob sizilianische Eröffnung oder Damengambit,
die meisten anderen Spieler kamen da nicht mehr mit.
Immer stolzgeschwellter wurde des Großmeisters Brust,
während oft anstieg der Anderen Frust.
Doch neulich erst ein neues Wunderkind kam,
welches dem Großmeister seinen Nimbus nahm.
Schon bald am Anfang gelang mit Schach die Wende,
Schachmatt hieß es dann sogar am Ende.

Im Namen

Seitdem der Mensch den Garten Eden einst zwangsweise verließ
treibt ihn die tiefe Sehnsucht nach dem verlor'nen Paradies.
Die innere Leere wird nun allzu oft dadurch gestillt,
dass man sich mit verschiedenen Such(t)mitteln trillt.
Doch mit all den Süchten dieses Lebens
sucht der Mensch bis heut vergebens.
Da helfen keine Drogen, kein Alkohol und auch kein Nikotin,
selbst übertrieb'ner Sport, Spielsucht oder anderes ergibt keinen Sinn.
Willst du das Paradies wirklich neu entdecken,
musst Du zum Himmel Dich halt strecken.
Zu dem, der das Paradies einst schuf,
oh hör im Namen des HERRN doch diesen Ruf.

Das Bauchgefühl

„Heuristische Methode zur Optimierung der Erfolgsbilanz im Sinne eines bürgerorientierten Qualitätsmanagements unter Berücksichtigung tradierter Erfahrungen der Körpermitte."

Es gibt Flugenten,

Laufenten und sogar Sukkulenten.
Letztere haben aber allgemein nichts mit Tieren gemein,
denn aus dem Reich der Pflanzen sollen diese sein.
Sprachlich fanden sie sich nun aber zum Ententanz,
da mich gefragt hatte der kleine Franz:
„Du, Ekki, was hältst Du von so komischen Entschtieren,
die mal fliegen, mal laufen oder sogar kriechen auf allen Vieren?"

Mädchens Spielzeug

Es war einmal und ist nicht mehr
ein ausgestopfter Teddybär,
der trank stets Milch und aß auch Brot,
doch eines Tages war er tot.

Der alte Mann

Der alte Fischer am Meer
der liebte seine Arbeit sehr.
Schon früh am Morgen fuhr er hinaus
und warf dann seine Netze aus.
An Fischen fing er zwar nicht mehr viel,
doch er hatte immer noch eine Handbreit Wasser unterm Kiel.
Das größte Glück sich ihm dann bot,
als er wieder an seiner Angel zog.
Ein Marlin hatte auf einmal angebissen,
das Gewicht des Fisches hätte ihn fast aus dem Boot gerissen.
Der stundenlange Kampf mit dem Leviatan
hinterließ aber auch seine Spuren dann.
In der heißen Mittagssonne kam plötzlich der Schmerz
und im höchsten Glücksgefühl versagte des alten Fischers Herz.

Babel-Babel

Kaum hatte die Menschheit durch die Sünde einst das Paradies verloren
ward schon bald ein neues Sündenprojekt geboren.
Der Turm bis zum Himmel sollte es diesmal sein.
Man widersetzte sich dem göttlichen Anspruch:
Ich bin euer Gott allein.
Das höchste Bauwerk der damaligen Welt sollte es werden,
ein Zikurat, wie man es noch niemals sah auf Erden.
Sie wollten fortan keine Zerstreuung mehr,
die selbst erbaute Weltenstadt sollte nun her.
Doch Gott der HERR sah es mit Missbilligung
was die Menschheit versuchte.
Durch die Verwirrung ihrer Einheitssprache ER sie verfluchte.
Die Menschen verteilten sich nun nach Völkern und Sprachen auf Erden
und Babel sollte bis heute zum Inbegriff der Sprachvermehrung werden.

Es entwickelt sich nicht

Das liebe Geld regiert die Welt
und erlaubt ist was gefällt.
Die zehn reichsten Menschen dieser Welt haben die Hälfte vom gesamten Vermögensbesitz,
nur den Ärmsten der Welt nützt diese Zahlenerhebung eben nichts.
Es liegt nicht an den Möglichkeiten, um endlich etwas zu tun,
sondern daran, dass allzu viele mal beschlossen, sich auf Kosten anderer auszuruh'n.
Wir produzieren jährlich genug Nahrungsmittel für alle,
aber bei der Verteilung tappen wir stets in dieselbe Falle.
Anstatt es auch den Ärmsten der Armen zu geben,
denkt man nur an den eigenen Profit im Leben.
Ja, man verkauft den Ärmsten sogar lieber Waffen statt Brot
und wundert sich dann über die oft große Not?!
Man stützte und stürzte Diktatoren sodann
und glaubte an einen „Arabischen Frühling" als er begann.
Doch dieser Frühling dann eher ein Winter war,
der allenthalben nur einen islamischen Fanatismus gebar.
Wann lernen wir endlich aus den Fehlern der Vergangenheit
und sind zu einer echten Entwicklungshilfe bereit?

Aufrecht sei der Mensch, stark und gut!
Nur unser Mensch das dann wenig tut.
Viele Menschen haben nämlich Nerven und Kräfte schon verlassen
und manch einer hat auch seine Gesundheit schon gelassen.
Alle gut gemeinten Appelle helfen dabei eben nicht,
wenn man an des Lebens Last zerbricht.
Wir brauchen wieder das Miteinander, die Festigkeit und Treu
und den Anker des Glaubens, der uns Menschen macht neu.
In der Präambel zu unserem Grundgesetz am Anfang steht's bereits
geschrieben;
„In Verantwortung vor Gott und den Menschen sollen wir dem Frieden
dienen."

Ein Mensch, der hatte Arbeit viel,
träumte bald nur noch für das eine Ziel.
Ich muss mal raus sonst platz ich hier,
da hilft auch nicht mehr das Feierabendbier.
Er geht zum Chef sagt's mit Verlaub
und bittet dann um etwas Urlaub.
Der nächste Schritt führt ihn dann ins Reisebüro:
„Sagen Sie, haben Sie was frei auf Mallorca oder so?"
Doch unser Mensch war sehr spät dran,
sein Herz blieb steh'n und der Urlaubstraum zerrann.

Geisterstunde

Es war einmal ein kleiner Geist,
der etwas anders war, denn er fürchtete sich zumeist.
Immer um Mitternacht zur großen Geisterstunde,
trafen sich die Geister in der Runde.
Nur unser kleiner Geist, der fehlte,
weil sein kleines Herz gar heftig bebte.
Er wollte keine Menschen schrecken,
darum tat er sich stets verstecken.
Ganz selten nur tauchte er auch mal auf,
dann lachte er herzlich und machte fröhlich einen drauf.
Der kleine Geist wollte so gerne freundlich sein,
deshalb zitterte er vor den anderen und blieb lieber allein.

Mitglied

Heute morgen wurde ich wach
und ich dachte:" Ach."
War da nicht gestern irgendwas?
Ich glaube Weihnachten oder X-mas.

Weihnachten wurde einstmals erkoren,
weil Jesus, der Retter, wurde geboren.
Sogar unsere Zeitrechnung sich daran orientiert,
es aber ansonsten fast niemanden mehr interessiert.

Der Verlust wahrer Werte nimmt immer mehr zu.
Merken wir das eigentlich noch?

Des Wahnsinns Beute

Weißt Du eigentlich was bleibt
wenn einem der Wahnsinn treibt?

Auf die Wahnsinnstat als vielleicht letzte Aktion
folgt irgendwann die totale Isolation.

Manch einer, so wird uns berichtet,
hat sich auch gar selbst gerichtet.

Wahnsinn entsteht jedenfalls zumeist
aus Einsamkeit, Frustration oder einem kranken Geist.

Wahnsinn dieser Wahnsinn!

Die Angst des Wahnsinns ist wieder da!

Brennend heißer Wüstensand

Endloser Sand in der Sahara.
Die Sonne spiegelt eine Fata Morgana,
denn die vermeintliche Oase ist gar nicht da.

TERROR

Nun hat der Terror uns wieder einmal erfasst.
Unglaublich, ja unfassbar, man ist also gehasst.

Wer hasst andere Menschen so sehr,
dass er nicht sieht den Mitmenschen mehr?

Was ist das bloß für eine Wut
Die im Namen Allahs sowas tut?

Nicht jeder Moslem ist ein Terrorist,
aber fast jeder Terrorist von heute leider ein Moslem ist.

Gott ist eben nicht groß bei dem der: Allahu akbar schreit,
nur die Liebe Gottes die Menschen wahrhaftig befreit.

Ob Paris, Brüssel, Nizza oder Berlin,
eine solch fanatische Religion ergibt keinen Sinn.

Doch auch die Terroristen vom linken und vom rechten Rand
Seien am Besten aus diesem Land verbannt.

Stellt euch diesem Terrorhass entgegen,
denn an der Liebe zum Nächsten ist alles gelegen.

Wenn wir Liebe üben mehr und mehr
gibt diese keinen Hass mehr her.

Die Nachrichten des Tages

AKP verzichtet auf weiteren Wahlkampf in Deutschland
Während Martin Schulz noch keine klaren Worte hat ausgesandt.
Angela Merkel traf unhöflichen Donald Trump
Und Schweinsteiger eine neue Fußballheimat fand.

Ich frage mich: Ist das alles wirklich so wichtig
oder ticke ich jetzt nicht ganz richtig?
Bildung gerät auch bei den Medien immer mehr in Not,
was wir brauchen ist wieder mehr geistiges Brot.

Nebeneinander

Bitte lauf mir nicht weg,
dir nachlaufen zu müssen verfehlt den Zweck.
Auch ich selbst will nicht der Führende sein,
komm an meine Seite, dann ist keiner mehr allein!

Farbwechsel

Kaum erblickte ich im Urwald das Chamäleon,
da wechselte es auch seine Farbe schon.
Eben noch war es grün, nun schimmerte es im schönsten Blau,
ich kam ins Staunen und das Tier wusste dies offenbar genau,
noch einmal zeigte es nämlich seine Farben im Tausch
und es schien fast als wäre es im Farbenrausch.

Der Sämann (ein biblisches Gleichnis als Gedicht)

Ein Sämann streute einst auf seinem Acker das Korn,
gar manches fiel an den Wegesrand, die Vögel fraßen's und es ward verlor'n.
Anderes wiederum fiel auf den Felsenrand,
wo es nicht allzu vielen Boden fand.
Es ging schnell auf, doch es hatte keinen Bestand,
denn als die Sonne kam, ward es verbrannt.
Wieder anderes ward gesät unter das Dornengestrüpp,
es ging zwar auf, doch es wurde darunter erstickt.
Ein letzter Teil aber fiel auf gutes Ackerland,
es wuchs und gedieh und man von diesem dann die Ähren band.

Das vierfache Ackerfeld oder das Gleichnis vom Sämann kann in der Bibel in Matthäus Kapitel 13 samt Auslegung nachgelesen werden.

Rückblick

Schaut man mit der Zeit zurück
So sieht man: Manch Unglück war auch Glück.
Es gab nicht immer frohe Tage,
doch war auch alles nicht nur Plage.
Manch einer hat dann doch betont,
dass sich ein solcher Rückblick lohnt.

ANGSTERFÜLLT

Angst überfällt des Öfteren der Menschen Seele,
der Blutdruck steigt, man schwitzt, zittert oder hat einen Kloß in der Kehle.
Doch Angst beflügelt den Menschen auch:
Man flieht oder reagiert und ist sogar fähig zu sehr schnellem Lauf.
Angst kann gewaltig mächtig sein, wird gar oft zur Phobie,
der davon betroffene Mensch vergisst diese Angst dann nie.
Panikattacken verursachen ebenfalls einen so heftigen Schmerz,
dass man meint, man hätte etwas mit dem Herz.
Gewaltige Angst kann uns auch lähmen
und ist alsdann kaum noch zu zähmen.
Das Leben ist oft so angsterfüllt,
weil die tiefste Sehnsucht nicht wurde gestillt.
Friede, Liebe, Freundlichkeit, Geduld, Sanftmut und Barmherzigkeit ,
dieses wunderbare Charakterkleid
schenkt nur Gottes heiliger Geist
doch genau das vergessen wir Menschen meist.

Der Gitano

Abends am brennenden Lagerfeuer, da war er in seinem Element,
denn er liebte die Freiheit, wenn man zusammen saß und irgendwo ein
Feuer brennt.
Die Wagenburgen von einst waren zwar längst schon verschwunden,
doch der alte Gitano hatte sich nur schwer damit abgefunden.
Das fahrende Volk war ihm zur großen Heimat geworden
Und er zog umher von Westen nach Osten und
von Süden nach Norden.
Im Schein des Feuers erklangen dabei seine Gitarrenlieder,
das in ihm lodernde Feuer erwachte dann stets wieder.
Er war ein Künstler, das war allen Zuhörenden klar,
sein Spiel auf der Gitarre einfach fabelhaft war.
Mit Wehmut und mit viel Gefühl spielte er die alten Lieder
Und gar mancher sah im Geiste dabei den alten Zigeunerjungen wieder.

Anmerkung:
Ein Gitano ist ein Angehöriger der spanischen Sinti- Roma

Bücherwurm

Ein Wurm, der allzu gerne Bücher las,
vergaß, dass man als Wurm stets Bücher fraß,
erschien im Buchladen mit dem Gesuch
er möchte gerne ein bestimmtes Buch.

Dort staunte man darauf nicht schlecht,
denn unser Wurm, der las dann echt
in seinem Buch, das er verlangt
und ward als Bücherwurm bekannt.

Der Pharisäer

Selbstgerecht schreitet er hinan
Bis auf dem Tempelberg er kommet an.
Er geht hinein ins Gotteshaus,
doch plötzlich entdeckt er da: „Oh, Graus!"
Ein Zöllner steht mitten im Tempel zum Gebet,
dem Pharisäer schier der Gaul durchgeht.

Wie gut, betet er, dass ich nicht so einer bin
und dankt seinem Gott, legt seine Vorzüge ihm hin.
Stolzgeschwellt ist dabei seine eigene Brust,
an der Selbstbeweihräucherung hat er seine wahre Lust.

Der Zöllner dabei sich ganz als Sünder sieht
Während der Pharisäer sich in fromme Phrasen flieht.
Weil nicht sein kann was nicht sein darf
er Gottes Gnad damit verwarf.

Der spitze Traum

Der alte Fakir schlief ganz nett
Auf seinem neuen Nagelbrett.
Die vielen Nägel er nämlich gar nicht verspürte,
da es bei ihm zu besserem Wohlbewusstsein führte.
Und wollte er richtig wach dann werden,
lief er darauf auch noch auf spitzen Scherben.

Allein

Viele Menschen sind allein

Und denken oft: Oh wie gemein,

es könnte alles besser sein,

wär' man im Leben nicht allein.

Die Anderen wiederum wünschen sich endlich einmal allein zu sein,

um sich erholen zu können von der alltäglichen Pein.

Was lernt man nun aus der Geschicht':

Vergesst beim Alleinsein die Sichtweise nicht!

Meine Kaffeetasse

Jeden Morgen da stehst Du da,

beim Frühstück bist Du mir ganz nah,

denn ohne Dich,

da geht es nicht.

Ich brauche meinen Kaffee am Morgen,

er macht mich wach, vertreibt die Sorgen.

Darum ich diesen Text verfasste,

als Dank an meine Kaffeetasse.

Rheinfall

Es wallet und siedet und brauset und zischt,

das Wasser fällt herunter in schäumender Gischt.

Unbändig sich die Kraft des Wassers zusammen gesellt,

bevor es dann tosend und breit in die Tiefe fällt.

Staunend stehen wir als Menschen davor

und recken unsere Köpfe zum Fallen des Wassers empor.

Vater Rhein beschert uns hier ein so herrliches Spiel,

kaum fassbar, dass er erst später in der Nordsee erreicht sein Ziel.

ER ist da!

Wenn ich Dich auch nicht sehe oder spür

oder ich öfters mal wieder die Geduld verlier,

Du, mein Gott, bist ja da,

in so Vielem bist Du mir nah.

Von allen Seiten umgibst du mich

Und sagst mir so: „Ich denk an Dich!"

Stets hältst Du mich mit Deiner rechten Hand

seit Deine Gnad mich Sünder fand.

Wie ein Pilger wandere ich nun durch Berg und Tal,

bis endet alle irdische Qual.

Frühlingsgefühle

Am Wochenend kam wärmender Sonnenschein

in unseren grauen Winteralltag hinein.

Die Temperaturen stiegen gleichfalls an,

man spürte etwas von Frühling sodann.

An manchen Plätzen warmen Plätzen gar,

der eine oder andere Frühlingsbote zu sehen war.

Hier und da ein Schneeglöcklein lugte hervor

und streckte seine Kelche zum Sonnenstrahl empor.

Auf einer sonnigen Bank am Wegesrand

Man richtige Frühlingsgefühle empfand.

Einkaufstourismus

Sie kommen jeden Tag in Scharen
um zu kaufen in Deutschland ihre Waren.
Die Erstattung der Mehrwertsteuer sie über die Grenze zieht
Und der Jestetter Raum hierbei am Nächsten liegt.

Dass wir bald ersticken am vielen Verkehr
interessiert hierbei wohl schon keinen mehr.
Immer noch mehr Läden und Detailhandel,
unser Dorf von einst ist voll im Wandel.

Doch was ist das für ein Preisgericht
Welches uns fast den Nacken zerbricht?
Den Schweizer zieht es zum Deutschen nicht,
allein der Mammon ist das Gewicht
welches ihn immer wieder über die Grenze lenkt,
er dabei wohl kaum an die Menschen hier denkt.

Alt und meine Oma

manchmal schon fast zerbrechlich wirkte sie,

doch ihre kleinen, hell leuchtenden Augen vergesse ich nie.

Je älter sie wurde, desto mehr Runzeln bekam ihr Gesicht,

doch wenn sie mir ihre Geschichten erzählte, störte mich all dieses nicht.

Sie kannte das Leben und hatte so vieles schon erlebt

und niemand hat es mir jemals besser erzählt.

Auf ihrem Schoß zu sitzen und einfach zuzuhören,

dies tat immer mehr die Weite meines eigenen Horizonts vermehren.

Ich brauchte damals keine Reisen in die ferne Welt,

denn das große Märchenbuch von Oma hat viel mehr gezählt.

Diese alte Oma war eine so liebevolle und nette

Und ich frage mich: Was wäre, wenn ich sie nicht gehabt hätte?

Die Gedanken sind nicht Freitag

Die Gedanken sind nicht einfach frei,

zwar kann niemand sie erraten,

doch sie ziehen nicht einfach vorbei,

sondern gebären oft finstere Schatten.

Drum bleibe ich nun Mal dabei:

Die Gedanken sind nicht einfach frei

Allein

Viele Menschen sind allein

Und denken oft: Oh wie gemein,

es könnte alles besser sein,

wär' man im Leben nicht allein.

Die Anderen

wiederum wünschen sich endlich einmal allein zu sein,

um sich erholen zu können von der alltäglichen Pein.

Was lernt man nun aus der Geschicht':

Vergesst beim Alleinsein die Sichtweise nicht!

Einfach sprachlos

Die Sache hat dich mitgenommen

Oder jedenfalls sehr überrascht,

Du bist einfach nicht mehr mitgekommen

Weil du die Sprache verloren hast.

Fehlende Worte, der Mund steht weit offen,

mit großen, geweiteten Augen blickst du mich an

und es liegt nun an mir, einfach zu hoffen,

dass Du die Sprache wiederfindest sodann.

Freiheitswunsch

Wenn mich zeitweise die Panik überfällt

vor den Problemen in dieser Welt

wünschte ich mir manchmal Adlers Schwingen,

die mich dann in die Lüfte bringen,

um frei zu sein wie ein Adler im Wind,

bevor ein neuer und besserer Tag dann beginnt.

Gegensätze ziehen sich nicht immer an

Die Liebe zur Natur sie beide verband.

Er liebte die Vögel, während sie Erfüllung bei den Pflanzen fand.

Gemeinsam waren sie deshalb viel unterwegs,

doch meistens schwiegen sie bei diesen Unternehmungen stets.

Ihm hatte es mal wieder irgendeine Vogelstimme angetan

Und er ruhte nicht eher, bis er den Vogel dann zu sehen bekam.

Sie dagegen wanderte am Liebsten durch eine Blumenwiese,

nahm die Düfte in sich auf, staunte über Löwenzahn und fleißige Liese.

Neulich da trennten sich die beiden Lieben,

denn die Schweigsamkeit hatte die Liebe von einst unmerklich vertrieben.

Fünf vor Zwölf

Ist es wirklich schon so spät
oder hat jemand an der Weltenuhr gedreht?
Fünf vor Zwölf sei es schon, so liest man es heute.
Hallo, dies heißt doch eigentlich kurz vor Mitternacht, Leute!
Ich sag es mal vorsichtig und mit Bedacht,
da ist man wohl spät aufgewacht.

LEBEN

Niemand hat es sich je selbst gegeben
Als wir Mensch geworden sind, nämlich das Leben.

Es ist nicht der Atem der Lungen allein
und auch das Herz für sich kann es nicht sein.

Nicht einmal das Gehirn, das alle Funktionen des Körpers lenkt
und darüber hinaus sich so manches erdenkt.

Das Leben jedoch ist so viel mehr
und beginnt schon mit der Frage: Wo komme ich her?

Nicht nur ein Same, eine Eizelle aus der etwas beginnt
das nach kürzerer oder längerer Lebenszeit dann verrinnt.

Auch der Leib, des Lebens Hülle
ist nicht der Inhalt, ist nicht die Fülle.

Leben kam einst von außen in diese Welt,
von DEM, der sie in Händen hält.

Der einstmals sprach und es wurde sodann,
dieser auch uns allein Leben geben kann.

Leben ist der göttliche Hauch,
spätestens wenn er vergeht, merken wir es auch.

Alles ist noch hier, doch die Seele ist fort,
das Leben ist nun an einem anderen Ort.

Nadelstiche

Oh, wie tut es doch so schmerzen
wenn Andere hinter Deinem Rücken scherzen.

Wie Nadelstiche empfindest Du den Schmerz
der daraufhin erreicht dein Herz.

Ob Du zu ängstlich, zu dick oder zu klein,
du spürst diese Stiche und fühlst dich allein.

Sogar wer heutzutage schon am Boden liegt
Noch einen extra Schlag in den Nacken kriegt.

Lebenswasser

Wasser sprudelt aus dem Quell
und erneuert unser Leben,
macht hernach das Dasein hell
durch den HERRN, der es gegeben.

Herr Löwenzahn

Er ist ein häufiger Gast auf unseren grünen Wiesen,
seine jungen Blätter kann man sogar als Salat genießen.
Im Frühjahr zeigt er seine gelbe Haarespracht,
bevor ein flauschiges Grau sich bald darauf entfacht.
Ein kräftiges Pusten oder ein leichter Wind
verteilen dann seine langsam ausfallenden Haare geschwind.
So steht Herr Löwenzahn fortan an seinem Platze
Und zeigt uns nur noch seine blanke Glatze.

Verliebt

Dieses Kribbeln im Bauch, sag kennst du das auch? Den Blick durch die rosarote Brille, fern von jeglichem Eigenwille. Ein fremder Mensch wird zum höchsten Glück, die Liebe ist's, die einem verzückt.

Ein Tag in Venedig

Sanft gleitet die Gondel durch den Canal Grande, geführt von einem Gondoliere mit Strohhut und Bande. Das junge Paar genießt die Fahrt bis zum Dogenpalast, steigt dann aus und schlendert zum Markusplatz für eine Rast. Tauben steigen laut flatternd zum Campanile auf, ein Tag in Venedig nimmt seinen Lauf.

Trotz der vielen Menschenmassen: Venedig ist einfach unvergessen

Tageslob

Der heutige Tag ist mein, er wurde mir geschenkt und ich darf einfach Sein. Dieses einmaligen Geschenkes eingedenk darf ich staunend Danke sagen, gibt es heut' auch viel zu tun, ich darf wiederum ein Tagwerk wagen, um an dessen Ende dann zu ruh'n.

Wichtigkeiten

Aufgelöst in Schall und Rauch, öfters auch mal entschieden aus dem Bauch, ist so Vieles, was erschien zunächst so wichtig, Morgen bereits ist es schon nichtig.

Hommage an einen Clown (Akrobat schööön)

Er war der Star im Zirkuszelt, der Staub der Manege war seine Welt. Dabei war er kein großer Dompteur, unser Artistensohn, nein, er war viel mehr, er war DER Clown .Mal traurig, mal tolpatschig, doch immer wieder heiter, so eroberte er durch seine Gesten und Mimik die Karriereleiter. Bei seinem Rollenspiel waren die Hohen und die Niedrigen gesessen, Oleg Popov, der Clown, Du bist einfach unvergessen.

Frostiger Frühling (ein Haiku)

Nasskalter Frühling

Die Blüten sind erstorben

Das Ernten fällt aus

Reparaturfehler

Die alte Kirchturmuhr ward repariert, doch irgendwie war's falsch zentriert. Ein jeder konnt' es nämlich seh'n, statt zwölf schlug's nun wohl dreizehn.

Vor dem Kadi

„Euer Ehren, würden sie mir freundlicherweise gestatten, Ihnen zu berichten, warum ich mich entledigte meines Ehegatten?"

Der Richter sprach:" Nun gut, wenn es Ihr Gewissen entlasten tut."

„ Das Hauptproblem, Herr Richter, war, dass mein Ehemann sich immer mehr entwickelte zum Haustyrann."

„Auch wenn ich versuche zu verstehen Ihre Sicht, so rechtfertigt dies doch seine Ermordung nicht."

„Ermordert habe ich ihn nicht, Euer Ehren, nur etwas nachgeholfen, weshalb wir höchstens bei Totschlag wären."

„Nachgeholfen, wie bitte soll man dies verstehn, was ist denn an diesem Abend bloß geschehn?"

„Wissen Sie, Herr Richter, mein Mann hatte es etwas mit dem Herz und deftiges Essen, wie er es mochte, verstärkte stets noch seinen Schmerz.

Obwohl ich dies wusste, versorgte ich ihn also weiter mit ungesundem Essen, bis er dann fiel von der Sprossenleiter."

„So ist es also gar kein Mord, sondern ein Unfall gewesen?"

„Genau, Herr Richter, er fiel und ist nimmermehr genesen."

„Ja, aber warum lautet dann diese Anklage auf Mord?"

„Wahrscheinlich weil jemand sah, wie ich ihn blutend trug hinfort."

„Was haben sie denn dann mit ihm gemacht?"

„Ich hab ihn bis zum Fahrradschuppen dann gebracht."

„Der Schuppen, in welchem man ihn dann fand?"

„Jawohl, Herr Richter, der Schuppen, der danach hat gebrannt."

„Sie haben auch noch den Schuppen in Brand gesteckt?"

„Nun ja, ich wollte nicht, dass jemand ihn vorab entdeckt."

Urgewalt

Tosendes Wasser, ein Lava speiender Vulkan oder die Kraft eines Tornados, was entdecken wir daran? Große Kräfte offenbaren sich und werden dabei frei, dennoch verläuft alles nach einer gewissen Ordnung in diesem Allerlei. Wer genau hinschaut, der erkennt selbst mitten im Chaos, hinter dieser Urgewalt steckt ein großartiger Logos

KURZE PROSA

Verlorenes Glück

Sie war schon seit längerer Zeit geschlossen worden, die alte Mine in den Bergen von Minas Gerais. Doch das störte Jose, den früheren Minenarbeiter nicht, denn er kannte die alte Mine von Diamantina ausgezeichnet. Nichts wird sich verändert haben. Warum auch.

Nur ein einziges Mal wollte er noch hinein und zu der Stelle, von der er wusste, dass dort das Ende aller seiner Sorgen lag. Ach, wie lange hatte er dort geschuftet und sich geschunden in den dunklen Stollengängen der alten Diamantenmine, hatte seine Lungen kaputt gemacht durch die schwere Arbeit des Suchens nach Edelsteinen.

Eines jedoch hatte er stets heimlich auch vollbringen können, nämlich fast jeden Monat einen kleinen Rohdiamanten beiseite zu legen und durch die Kontrollen der vorgesetzten Mineure zu schmuggeln. Jose hoffte so sehr, dass noch niemand vor ihm das Versteck in der alten Mine entdeckt hatte. So kurz vor dem Ziel seiner Träume durfte einfach nichts mehr schief gehen.

Keiner außer mir kennt das Versteck, dachte er und er hatte so oft davon geträumt, dass er sicher genug war, es nicht vergessen zu haben.

Mit etwas Mühe legte er den geheimen Seiteneingang frei, den er früher gegraben hatte und von dem er wusste, dass dieser ihn ziemlich sicher zur Stelle des Versteckes führen würde.

Eine Veränderung dieser Stelle war selbst nach dieser langen Zeit ebenso ausgeschlossen, da war sich Jose sicher. Nicht umsonst hatte er die alte Felsnase im Stollen gewählt, an deren Fuß er in einem etwa einem halben Meter tiefen natürlichen Loch seine wertvollen Steine gebunkert hatte.

Jose schwitzte, so sehr hatte ihn in seinem Alter von über 60 Jahren diese mittlerweile ungewohnte Arbeit angestrengt. Gleich musste er es geschafft haben. Direkt hinter dieser Biegung des Stollenganges musste es sein. Ja, dort drüben war sie. Unverändert wie seit Jahren blickte ihn die alte Felsnase an.

Fünf Schritte noch, vier, drei, zwei....Das Letzte was Jose sah, war das blitzartige Hochschnellen einer giftigen Grubenotter direkt aus dem Loch. Bis eben hatte sie das vermeintliche Glück seines Lebens bewacht.

Eiskalter Mord

Es war Mord gewesen, eiskalter Mord. Ob heimtückisch oder gar grausam, darüber ließe es sich vielleicht noch streiten, nicht jedoch darüber, was die Planung dieser Tat betraf.

Hauptkommissar Ahlert vom Dezernat III der Mordkommission in Frankfurt am Main war sich da mittlerweile sicher. Immer und immer wieder war er mit seinen Leuten der Sonderkommission „Snyper" diesen einmaligen Fall durchgegangen.
Das Erschießen eines Menschen aus zweihundert Metern Entfernung musste gut geplant gewesen sein. Da durfte nichts dem Zufall überlassen bleiben und es gab wahrscheinlich auch nicht gerade eine große Anzahl von Tätern, welche in der Lage waren, auf eine solche Entfernung mittels eines Scharfschützengewehres ihr Opfer mit einem direkten Schuss zwischen die Augen niederzustrecken.
Die Rekonstruktion der Tat durch die KT hatte ergeben, dass das Opfer Himmelsbach, aus einer Entfernung von etwa zweihundert Metern mit einem einzigen gezielten Schuss aus einem Scharfschützengewehr niedergestreckt und tödlich verletzt worden war. Das später gefundene Projektil, dass nach dem glatten Durchschuss etwa fünfzig Meter weiter in einem Betonpfeiler des Bankhochhauses gefunden worden war, hatte das Kaliber 7,62 X 51 der NATO.

Also schon einmal kein Russe, dachte Ahlert, als er das damalige Ergebnis bekam. Der Schütze musste zudem vom Dach eines etwa zweihundert Meter entfernten Tiefgaragengebäudes aus geschossen haben. Die ausgeworfene Hülse jedoch fand man nie, was darauf schließen ließ, dass der Schütze sie geflissentlich mitgenommen hatte.
Um auf eine solche Entfernung jemanden gezielt ins Visier nehmen zu können, bedarf es zudem eines sehr gut geschulten Schützen, eines speziellen Gewehrs mit Dioptereinrichtung und einer sehr ruhigen Hand. Dem letzteren wird von geschulten Scharfschützen zumeist etwas nach-

geholfen, meistens unter der Verwendung von Diazepam.

Eigentlich sollte es deshalb nicht allzu schwierig sein den oder die Täter bald fassen zu können, so hatte Ahlert anfangs noch gehofft. Mittlerweile war jedoch schon bald ein halbes Jahr vergangen, ohne das er oder einer seiner Leute an einem entscheidenden Punkt vorangekommen wären. Irgend etwas war hier nicht normal, aber was?

Anton Himmelsbach, das Opfer, war ein angesehener Mann im fortgeschrittenen Alter von fast sechzig Jahren. Er gehörte eher zu den weniger bekannten Größen der Frankfurter Bankenwelt und hatte stets als Privatbankier sein Vermögen gemacht. Warum gerade er einem solch gezielten Anschlag zum Opfer fiel, war nur eine der vielen Fragen, auf die Hauptkommissar Ahlert bisher noch keine Antwort gefunden hatte. Himmelsbach hatte in den letzten Jahren eher zurückgezogen gelebt, seitdem seine Frau vor etwa fünf Jahren einem plötzlichen Krebsleiden erlegen war. Seine Villa befand sich auch nicht in Frankfurt, sondern war beschaulich am Hang eines kleineren Ortes im Main-Taunus Kreis gebaut worden. Die Himmelsbachs hatten keine Kinder und so konnte der potenzielle Täterkreis, was die Familie betraf, ebenfalls schnell geschlossen werden.

Wie sehr all das auf Thomas Richter, einen ehemaligen Afghanistansoldaten, zutraf, konnte Ahlert zu diesem Zeitpunkt nicht wissen. Drei Jahre lang war Richter in den Krisengebieten dieser Welt eingesetzt gewesen, zunächst auf dem Balkan bei Sarajevo und danach in Afghanistan in der Nähe von Kundus.
Thomas Richter war ein Spezialist in vielfältiger Art und Weise. Eigentlich wollte er einmal Konzertpianist werden, da er über ein außergewöhnliches Musikgehör sowie äußerst feinfühlige Hände verfügte. Nach Abschluss seines Abiturs mit summa cum laude rief ihn die Bundeswehr in ihren Dienst fürs Vaterland und Thomas Richter wollte nicht nur dienen, nein, er wollte immer Neues lernen und dabei auch etwas verdienen. So kam es, dass er sich als Zeitsoldat für zunächst zwei Jahre verpflichten ließ. Just in diese Zeit fiel jedoch auch die Krise auf dem Balkan, in deren

Verlauf er sich dann weiter verpflichtete und eine Ausbildung als Fernspäher und Scharfschütze durchlief.
Thomas Richter war ein sehr guter Scharfschütze. Seine natürlichen Begabungen halfen ihm natürlich sehr dabei, denn er nahm wirklich alles um sich herum wahr und hatte auch eine exzellente Begabung dafür, selbst in hektischen Momenten noch einen kühlen und klaren Kopf zu bewahren. Seine langen, feingliedrigen Hände fanden stets den richtigen Druckpunkt am Scharfschützengewehr MSG 90 A2 der Firma Heckler und Koch, welches Richter liebte als wäre es seine Braut gewesen.

Seinen letzten Einsatz in der Region Kundus jedoch würde er niemals mehr vergessen. Es war wieder einmal eine der vielen Erkundungsfahrten gewesen, welche einerseits ihre Präsenz in dieser heiklen Region unterstreichen sollte und andererseits auch dem etwaigen Aufspüren feindlicher Talibangruppierungen diente.
Sie waren noch gar nicht so lange unterwegs gewesen, als plötzlich der Begleitjeep unmittelbar vor ihnen auf eine verborgene Tellermine auffuhr und von der Wucht der folgenden Explosion zerrissen und in die Luft geschleudert wurde.
Zwei Soldaten aus seiner Kompanie waren damals dabei gestorben und Thomas Richter hatte ein Knalltrauma erlitten, von dem er sich niemals wieder gänzlich erholte. Sein empfindliches Innenohr hatte einen nicht wieder gut zu machenden Schaden erlitten, ganz zu schweigen von den vielen Träumen und Albträumen, die ihn seitdem in regelmäßigen und immer wiederkehrenden Abständen plagten. Außerdem hatte er dadurch die absolute Ruhe seiner feingliedrigen Hände etwas eingebüßt, was er fortan durch die eigentlich verbotene Einnahme von Diazepam unterdrückte.
Schon bald nach diesem Ereignis damals war es ihnen dann gelungen eine Gruppe radikaler Talibans ausfindig zu machen, die für diesen Anschlag verantwortlich waren und sahen sich heftiger Gegenwehr durch Beschuss von deren Seite ausgesetzt. Thomas hatte damals gekämpft wie ein Berserker und mindestens fünf von ihnen mit eigener Hand im Kampf getötet.

Was dort geschah, sollte ihn auf Umwegen dann schon bald nach Frankfurt am Main führen, denn im Unterschlupf der Talibans fand er Hinweise auf den afghanischen Waffenschieber Faisal Hajdari, der unter anderem auch mit Tellerminen aus russischer Herkunft handelte.

Thomas beherrschte mittlerweile die afghanischen Sprachen Dari und Pashtuni perfekt und konnte im Gegensatz zu seinen Kollegen diese Sprachen auch lesen und sogar schreiben.

Der Name Faisal Hajdari ließ ihn nun nicht mehr los und er wollte nicht eher ruhen, bis er Hajdari gefunden hätte.

Zwischenzeitlich hatte er jedoch infolge einer schweren posttraumatischen Belastungsstörung seinen Dienst als Offizier der Bundeswehr quittiert und war als Invalide nach Deutschland zurückgekehrt.

Thomas Richter verfügte weiterhin über sehr gute Auslandskontakte und fand deshalb bald darauf Hajdari in einem Hotel in Budapest, wo dieser sich kurz zuvor mit einem gewissen Anton Himmelsbach getroffen hatte. Faisal Hajdari starb damals einen einsamen Tod, verursacht durch eine feine Nylonschnur mit welcher er hinterrücks in seinem Hotelzimmer erdrosselt worden war. Es gab damals keinerlei Spuren eines Täters. Die Tat selbst musste bestens geplant gewesen sein und der Täter hatte offensichtlich Handschuhe getragen.

Nach dieser Tat verfolgten Thomas Richter wieder die schlimmen Träume und er durchlebte die Explosion von Kundus quasi noch einmal als Feedback.

Auf Anton Himmelsbach, den integren Privatbankier aus Frankfurt war er gestossen, als er das Hotelzimmer seines damaligen Opfers Hajdari etwas genauer durchsuchte.

Thomas Richter war hierbei auf brisante Unterlagen gestoßen, die auf eine zumindest finanzielle Partnerschaft zwischen Anton Himmelsbach und dem Waffenschieber Faisal Hajdari schließen ließen.

Das Scharfschützengewehr Marke Heckler und Koch Typ MSG 90 A2, welches er bevorzugte, besorgte er sich im Darknet, von wo er auch das zusätzlich benötigte Diazepam bezog.

Anton Himmelsbach war ein vorsichtiger Mann und deshalb war es gar nicht so einfach, einen geeigneten Plan zu finden, an dessen Ende Himmelsbach sein Leben lassen musste.
Bewacht von einem eigenen Bodyguard sowie einem privaten Butler, der ebenfalls über Kampfsporterfahrung verfügte, war eine Entführung oder das Ausschalten Himmelsbachs an seinem Wohnsitz nahezu aussichtslos. Es blieb also nur noch sein Arbeitsumfeld in Frankfurt übrig.
Akribisch zeichnete Thomas Richter den jeweiligen Tagesablauf rund um Himmelsbachs Bankgeschäft auf und fand dann schließlich die vielleicht einzige Schwachstelle im Lebensrhythmus des Anton Himmelsbach.
Immer genau um 9:30 Uhr MEZ trat Anton Himmelsbach allein auf die rückwärtige Straßenseite seines Bankhochhauses, um sich in gewohnter Manier seine heißgeliebte Brisaggozigarre zu gönnen.
Thomas Richter gönnte ihm dann auch noch diese letzte Brisaggo, bevor er den Abzug seines Gewehres langsam durchzog.
Exakt ein halbes Jahr danach war es dann zu Ende. Thomas Richter konnte nicht mehr. Die ständigen Albträume und die Abhängigkeit vom Diazepam hatten ihn buchstäblich fertig gemacht.

Was Hauptkommissar Ahlert noch gestern für fast ausgeschlossen hielt, da er langsam an den perfekten Mord glaubte, trat nun in der Person von Thomas Richter als Täter des Falles Himmelsbach vor ihn. Thomas Richter hatte sich freiwillig gestellt, die Sonderkommission „Snyper" konnte nun aufgelöst und die Akte für immer geschlossen werden.

Der Bürgermeister von Gailingen

Die Geschichte der Gailinger Juden bewegt mich bis heute, da dieses Dorf nur etwa 20 Minuten Fahrzeit von uns entfernt ist. Gailingen stellte im 19. Jahrhundert mit Leopold „Hirsch" Guggenheim sogar einmal einen jüdischen Bürgermeister, der von der Mehrheit des gesamten Volkes frei gewählt war und dabei auch genügend Stimmen von Nichtjuden erhielt. Umso unverständlicher ist deshalb die darauf folgende Entwicklung bis hin zur Verfolgung und Ermordung sämtlicher noch verbliebener Juden in Gailingen unter der Naziherrschaft und die Sprengung der Synagoge in der „Reichskristallnacht".

Tirza, eine Deutsch-Jüdin, war tatsächlich gekommen und jetzt stand sie in vorderster Reihe unter den vielen Besuchern des alten jüdischen Friedhofes der kleinen Hochrheingemeinde. So viele jüdische Frauen und auch Männer unter den Besuchern hatte dieses einstmals sogar als Judendorf bekannte Örtchen direkt an der schweizerischen Grenze gelegen, schon lange nicht mehr gesehen.
Einmal im Jahr, meist in der ersten Septemberwoche, kurz vor dem jüdischen Rosh Hashana (Neujahr) traf man sich dort jeweils zu den Selichot-Gebeten und gedachte hierbei auch den verstorbenen Angehörigen, die auch hier begraben waren.
Tirza war die zweitjüngste Tochter des letzten Rabbiners dieses Ortes gewesen, der am Tag der Reichspogromnacht aus der Synagoge heraus von verhaftet und ins Konzentrationslager Dachau deportiert worden war. Ihr Vater, Mordechai, genannt Markus, hatte die damalige Haftzeit in Dachau wegen Verweigerung der nicht koscheren Speisen nicht überlebt und verstarb kurz vor seiner eigentlichen Entlassung nach einem stundenlangen Antrittsappell an Entkräftung und Auszehrung.
Das Tirza, seine Tochter, nun gerade hier anwesend war, war deshalb mehr als eine bloße deutsch-israelische Begegnung.Sie hätte allen Grund gehabt, in ihrer Heimat Tel Aviv zu bleiben und diese Einladung zum Jahrestag zu ignorieren, nach allem was in der Vergangenheit geschehen war. Doch sie war gerne dieser Einladung gefolgt und wollte damit zu-

gleich auch ein Zeichen setzen, wie sie mir erklärte, ein Zeichen der Aussöhnung, nicht aber des Vergessens. Die Erinnerung an die Shoah sei allgegenwärtig, so berichtete sie mir, als wir anschließend im jüdischen Museum zusammen sassen.
Dennoch hegt sie keinen Hass, sondern ist im Gegenteil sogar daran interessiert, die Nachkommen und Enkel jenes deutschen Volkes, dass das ihrige Volk der Juden so sehr gequälte und verfolgt hatte, aufzuklären und ihnen vorurteilsfrei zu begegnen.
Tirzas Besuch hat tiefe Eindrücke hinterlassen, nicht nur bei mir. Ihr Gesicht ist alt, aber der Blick der Augen ist klar. Sie pflegt die Erinnerung und sie sagt, sie könne das Geschehene nicht vergessen. Aber, sie könne es nie verstehen, das die Deutschen einen Menschen aus ihrer Mitte, den Juden Leopold (Hirsch) Guggenheim zum Bürgermeister gewählt hätten. Darüber denke sie nach und darum sei sie im Alter noch einmal nach Gailingen gekommen, um sich zu überzeugen, dass die selben Bürger, die sich Guggenheim zum Bürgermeister gewählt hatten, die Synagoge wirklich gesprengt haben.
Darüber denke sie nach und so sehr sie sich auch darum bemühe, sie könne die Deutschen nicht verstehen.

Warum der Kaktus seine Stacheln verlor

Alfons liebte seine Kakteen über alles. Seine Leidenschaft umfasste mittlerweile nicht weniger als vierhundertachtundachtzig Exemplare, von den kleinen kriechenden bis hin zu den ganz großen Stammsukkulenten, den Carnegrea gigantea (Riesenkakteen), die bis zu fünfzehn Meter hoch werden können. In zwei Gewächshäusern, die früher einmal zu einem LPG Betrieb gehört hatten, betrieb er eigene Züchtungen und fröhnte so seiner Sammelleidenschaft.
Seit dem Tod seiner geliebten Elfie, mit der er fast vierzig Jahre lang glücklich verheiratet war, waren ihm seine Kakteen noch etwas wichtiger geworden. Elfie nämlich hatte sich, im Gegensatz zu ihm, überhaupt nichts aus Kakteen gemacht. Einzig sein Enkel Anton, der ihn ab und zu einmal besuchte, war begeistert von den vielen, zumeist stacheligen Gewächsen.
Manche von ihnen zeigten zeitweilig auch eine wahrhaftig herrliche Blütenpracht, wie zum Beispiel seine Königin der Nacht, deren trichterförmige, strahlend weiße Blüten zwar nur einige Stunden in der Nacht überlebten, dabei jedoch einen unnachahmlichen Duft ausströmten, den Alfons so sehr mochte.
Sein Lieblingskaktus jedoch war ein sogenannter „Schwiegermutterstuhl", ein Goldkugelkaktus mit einem Durchmesser von etwa anderthalb Metern. Genau dieser Kaktus machte ihm nun seit einiger Zeit Sorgen, weil er vermehrt seine goldfarbenen Stacheln verlor und Alfons sich nicht erklären konnte, warum der Kaktus dies tat. Sowohl der Standort als auch die Pflege, die Alfons seinem erklärten Liebling angedeihen ließ, waren eigentlich so gut, dass es unerklärlich erschien, warum der Kaktus auf einmal krankte.
Just zu dieser Zeit hatte Alfons häufigen Besuch von seinem Enkel Anton, der mit seinen sieben Jahren schon ein wirklich aufgeweckter Knabe war. Was lag also näher, als Anton zu fragen, ob ihm vielleicht in der letzten Zeit im Gewächshaus beim großen Kugelkaktus irgendetwas aufgefallen wäre.

Anton war ein wenig verlegen und eine leichte Röte stieg in sein Gesicht, als er kindlich erklärte: „Ach, Opa, der alte Kaktus hatte doch so viele Stacheln, da habe ich einfach immer wieder welche mit der Kneifzange aus der Werkstatt abgeknippst."
„Warum hast du das gemacht?" wollte Opa Alfons von seinem Enkel wissen.
„Du hast mir doch von deinen Träumen erzählt, Opa. Darin kommt doch meine Großmutter Elfie immer vor. Sie besucht dich oft in der letzten Zeit im Traum. Darum habe ich die Stacheln abgetrennt. Papa sagt, Oma Elfie wäre seine Schwiegermutter gewesen. Ich wollte nicht, dass sie sich weh tut, wenn sie dich besucht und sich setzt..."
Obwohl Anton damit fast den Lieblingskaktus seines Opas zerstört hatte, nahm er seinen Enkel in die Arme und musste herzhaft über das Geständnis lachen.